Thomas Künne wurde 1958 in Geislingen/Steige geboren. Er studierte Germanistik und Bildende Kunst mit Schwerpunkt Pädagogik, war Kunstpreisträger der Stadt Ludwigsburg und arbeitete bei amerikanischen Foto-Unternehmen. Außerdem Studium von Urprinzipien und Archetypen sowie Berater in Psychosomatischer Medizin. *www.schwingung-als-weg.de* oder *www.quelle-der-kraft.de*

Tom Breitenfeldt wurde 1958 in Flensburg geboren. Er studierte Kunst und Musik. Heute arbeitet er als Zeichner, Illustrator und Innenarchitekt. *www.tom-breitenfeldt.de*

ISBN 978-3-8303-4231-1

© 2011 Lappan Verlag GmbH
Würzburger Straße 14, 26121 Oldenburg
Lektorat: Constanze Breckoff
Gestaltung und Satz: Monika Swirski
Gesamtherstellung: LEGO S.p.A., Vicenza
Printed in Italy
www.lappan.de

Der Lappan Verlag ist ein Unternehmen
der Verlagsgruppe Ueberreuter, Wien.

Thomas Künne • Tom Breitenfeldt

Das Liebesorakel
Steinbock

Lappan

Inhalt

Vorspiel zum Vorspiel

Deprimierende Bücher zu Sternzeichen und deren Merkmalen gibt es genug auf dem Markt. Auch über mögliche Beziehungen untereinander: „Wer mit wem und wenn ja, warum nicht?"
Nicht selten verliert ein verunsicherter Leser am Ende sogar die Beziehung zu sich selbst.
Dieses Liebesorakel ist anders. Es ist witzig, frech, frivol und vor allem entwaffnend ehrlich. Da kannst du kichern, dir ein Loch in den Bauch schmunzeln oder auch lauthals grölen.
In der Liebe kann es dir wertvolle Dienste leisten. Es gilt: „Augen auf bei der Partnerwahl!"
Am besten, du lachst nicht *über* dein Date, sondern zusammen *mit* ihm. Humor verbindet, und Lachen ist sowieso die beste Medizin. Was willst du denn auf Dauer mit einem Partner, der zum Lachen in den Keller geht?
Im Zweifelsfall trägst du deinen Arzt zum Apotheker.

Die Baureihe Steinbock
Was hat sich die Evolution bloß dabei gedacht?

Viele halten die Steinböcke für die Spaßbremser und Spielverderber des Tierkreises schlechthin. Gut, das mag sicher auch ein wenig an ihrer Lebenseinstellung liegen. Klassiker dabei sind: „Erst die Arbeit, und dann das Vergnügen!", oder auch immer wieder gerne genommen: „Erlaubt ist alles, solange es keinen Spaß macht."

Böse Zungen behaupten sogar, dass clevere Architekten für Steinböcke einen besonderen Raum zum Lachen einplanen: tief unten im Keller, neben der Waschküche, am besten schallisoliert wie ein Bunker. Viele Steinbock-Geborene können einfach nicht verstehen, warum man lustig und fröhlich sein muss, wenn es auch ernsthaft und vernünftig geht. Oder wozu man in Urlaub fahren soll, wenn man in dieser Zeit auch arbeiten kann.

Steinböcke können außerdem ganz schön bockig werden, Steinziegen (das sind die Weibchen) unglaublich zickig. Sie glauben nichts und niemandem ohne genaue Überprüfung, nicht einmal sich selbst. Ihr Slogan dabei lautet: „Kontrolle ist gut, Zuchthaus ist besser!"

Sie selbst halten sich für sparsam, die anderen halten sie für geizig. Auch meinen sie, sie seien sinnlich und leidenschaftlich – noch lebende Ex-Partner konnten dies bis heute jedoch nicht bestätigen. Denn auch die Liebe und das (Zusammen-)Leben sind für sie oft harte Arbeit.

Sexuelle Experimente gibt es nicht. Viel wichtiger ist ein geordneter Ablauf, damit Steinbock-Geborene im Voraus exakt wissen, was als Nächstes kommt. So verwundert auch niemanden der Ausspruch des Weibchens mit Sperma an der Brille: „Ich habe es kommen sehen!"

Die Welt des Steinbocks unterliegt einer strengen Ordnung. Aber das ist nur die eine Seite der Medaille, die andere heißt Unterordnung.

Noch ein Tipp für alle, die auf das Erbe von einem Steinbock warten: Bitte rechtzeitig abschminken, der überlebt alle!

Das Steinbock-Weibchen
Kurz und bündig

Im Duett: In jeder Beziehung ist das Steinbock-Weibchen pflegeleicht, nur nicht beim Spontan-Sex. Das geht nur mit Anmeldung
und vernünftiger Vorplanung, sonst mutiert sie zur Steinziege.
Nun könnte man immer noch argumentieren: „Die Ziege ist die Kuh
des kleinen Mannes." Aber nicht jede(r) versteht dasselbe unter dem
kleinen Mann ... Das klingt zunächst nicht prickelnd erotisch und ist
es auch nicht wirklich. Denn Sex gehört für sie eher in den Bereich
der (partnerschaftlichen) Pflichterfüllung.
Oder zur Notwendigkeit ihrer wohl durch-
dachten Vermehrungsstrategie.
Bonuspunkt: In der Erziehung ihrer
Nachkommen ist sie selbstver-
ständlich eine zuverlässige,
wenn auch strenge und
gewissenhafte Mutter.
Auch wenn ihr Sex tie-
rischen Spaß macht,

würde sie niemals darüber sprechen, weder mit dem Partner noch mit sich selbst. Für sie gilt: „Reden ist Silber, Schweigen ist Gold, Stöhnen ist Blech".

Als Solistin: Mit einem Single-Steinbock-Weibchen kann man nicht einfach nur so zum Spaß ins Heu hüpfen. Für sie ist das Gehirn das wichtigste Organ des Mannes, und sie achtet peinlich darauf, dass sich dieses im Kopf und nicht (nur) in der Hose befindet. Machos geht sie eher aus dem Weg, denn sie blickt mit Röntgenaugen schnell hinter die hohle Fassade von hohlen Typen. Das macht sie auf Dauer sicher nicht erfahrener als die „billigen Flittchen" (O-Ton Steinziege), die sich mit jedem Dünnbrettbohrer einlassen, aber auch nicht unglücklicher und erst recht nicht ärmer. Sie bleibt lieber allein als zweisam einsam.

Alltagstauglichkeit

Das Steinbock-Weibchen fügt sich problemlos in den Beziehungshaushalt ein, unauffällig neben Geschirrspüler, Waschmaschine oder Einbauküche. Auch das Preis-Leistungsverhältnis stimmt: Meist erwirtschaftet sie sogar weit mehr, als sie verbraucht. Lange Garantiezeiten sorgen für planerische Sicherheit in unsicheren Zeiten, sie ist ein Fels ohne Brandung, pflegeleicht und stets genügsam. Wer jetzt fragt: „Wo bleibt denn hier die Leidenschaft in der Beziehung?", der hat noch nicht kapiert, dass man von solider Hausmannskost auch satt wird und sich weder den Magen noch den Geldbeutel verrenkt. Jeden Tag Sushi ist doch auch keine Lösung, oder?

Vorteile

Die Schildkröte hat im Laufe der Evolution unendlich viele großmäulige Wichtigtuer überlebt, die Dinosaurier gehören auch dazu. Die Strategie „harte Schale – weicher Kern" beschert offensichtlich ein langes Leben. Wer ewige Treue, Zuverlässigkeit und Ausdauer dem kurzen und spontanen Kick vorzieht, der sollte sich nach einem Steinbock-Weibchen umschauen.

Nachteile

Wer dagegen ein Leben in Saus und Braus führen möchte, mit emotionaler Achterbahnfahrt rund um die Uhr, der sollte die Finger vom Steinbock-Weibchen lassen. Auch alle libidinösen Kamikaze-Flieger und finanziellen Pleitegeier sehen in ihr nur Nachteile. Dabei könnte sie zur deren Rettung beitragen, wenn sie wollte. Will sie aber nicht.

Das Steinbock-Männchen
Kurz und bündig

Im Duett: In einer Beziehung mit dem Steinbock-Männchen gibt es tagtäglich ein Revival der preußischen Tugenden von Beständigkeit, Ausdauer, Pflichterfüllung und Moral. Das kann sich auf Dauer wie gähnende Langeweile anfühlen.

Aber so eine „fundamentale" Langeweile kann man/frau sich auch geschickt zur sicheren Geborgenheit zurechtbiegen, frei von Chaos, Schuldnerberatern oder Zwangsvollstreckern.

Doch Obacht:
Viele Steinbock-
Männchen ver-
treten übrigens
bis heute die The-
se, dass Frauen haupt-
sächlich dazu da sind, ihrem Mann
zu Diensten zu sein und (wenn
er das möchte) seine Kinder zu
bekommen.
Das bezeichnet er als gesunde
Tradition, die sich seit Menschen-
gedenken bewährt hat.
Er denkt sich auch nichts Böses
dabei, wenn er eine Partnerschaft
nur aus finanziellen oder beruflichen Interessen eingeht. So
gesehen herrschen hier zwar
Gesetze der Marktwirtschaft,
aber nicht der freien, sondern
der (vom Steinbock) gelenkten.
Dann gilt: Der Partner denkt, der Steinbock lenkt.

Als Solist: „Nur die Harten kommen in den Garten", so lautet ein Leitspruch des Single-Steinbock-Männchens. Er ist kein Macho im klassischen Sinne, aber zielgerichtet und draufgängerisch ist er schon: Er weiß, was und wen er will.

Jedes Nein ist nur ein aufgeschobenes Ja. Dabei kann er durchaus charmant und schmeichelhaft vorgehen. Unbestätigten Aussagen zufolge sind verliebte Steinbock-Männchen schon in schmalztriefenden Liebesfilmen gesehen worden, zwar inkognito, aber immerhin ...

Alltagstauglichkeit

Der gesamte Alltag (inklusive der Menschen im Beruf und Freundeskreis) wird ständig auf seine Nützlichkeit hin überprüft. Dabei leitet ihn sein gesunder Menschenverstand, der für manche nicht in den heutigen Zeitgeist passt.

Wer kann aber sicher behaupten, dass unser Zeitgeist wirklich gesund ist?

Der Steinbock lässt sich aber nichts vorgaukeln, er lässt sich auch nicht manipulieren. Und weil er sich seiner Verantwortung stets bewusst ist, stellt er sich zudem schützend vor alle diejenigen, die ihm anvertraut sind.

Vorteile

Das Steinbock-Männchen ist der harte Brocken in jeder Brandung des Lebens, der nüchterne Steuermann in Seenot oder die Autorität unter den Namenlosen und Desorientierten. Seine Stärke liegt nicht zuletzt in seiner Verlässlichkeit und Konsequenz. Das sind Werte, die zwar verstaubt klingen und am Ende doch alle Unverlässlichen und Inkonsequenten überleben werden: Da gibt sich die Evolution steinböckisch konsequent.

Nachteile

Wer lieber in Gefühle investiert als in sichere Geldanlagen oder Immobilien, der bekommt emotional beim Steinbock-Männchen sicherlich nicht den besten Zinssatz unter den Tierkreis-Männchen. Doch er ist ein solider Banker, der auch dann noch Kredite vergeben kann, wenn bei anderen die Luftschlösser längst eingestürzt sind, auch die Gefühlsburgen.

So wird ein vermeintlicher Nachteil zum Vorteil.

Vermehrungsuhr
für den Steinbock

Als Erdzeichen denken Steinböcke permanent an Verwurzelung, auch die ihres Geschlechtes. Es ist eine bewährte Tradition, dass man/frau sich vermehrt und somit die erreichten Werte in die nächste Generation weiterträgt. Jeder Stammhalter sichert also Stammbaum und Rente, denkt der vernünftige Steinbock. Salopp formuliert nennt man diese Einstellung Familienplanung. Vergnügen und Lust dürfen ruhig schon dabei sein, müssen aber nicht unbedingt. Es verwundert keinen, dass der Erfinder der künstlichen Befruchtung ein Steinbock-Geborener gewesen sein soll.

In den Labors von Steinbock-Forschern werden derzeit übrigens Tabletten entwickelt, die schon beim Schlucken satt machen. Versuche laufen auch zur sexfreien Schwangerschaft in Zäpfchenform.

So können zukünftige Generationen auf zeitraubende Faktoren wie Essen oder Lieben verzichten und haben somit mehr Zeit für das Wesentliche im Leben, zum Beispiel Arbeiten.

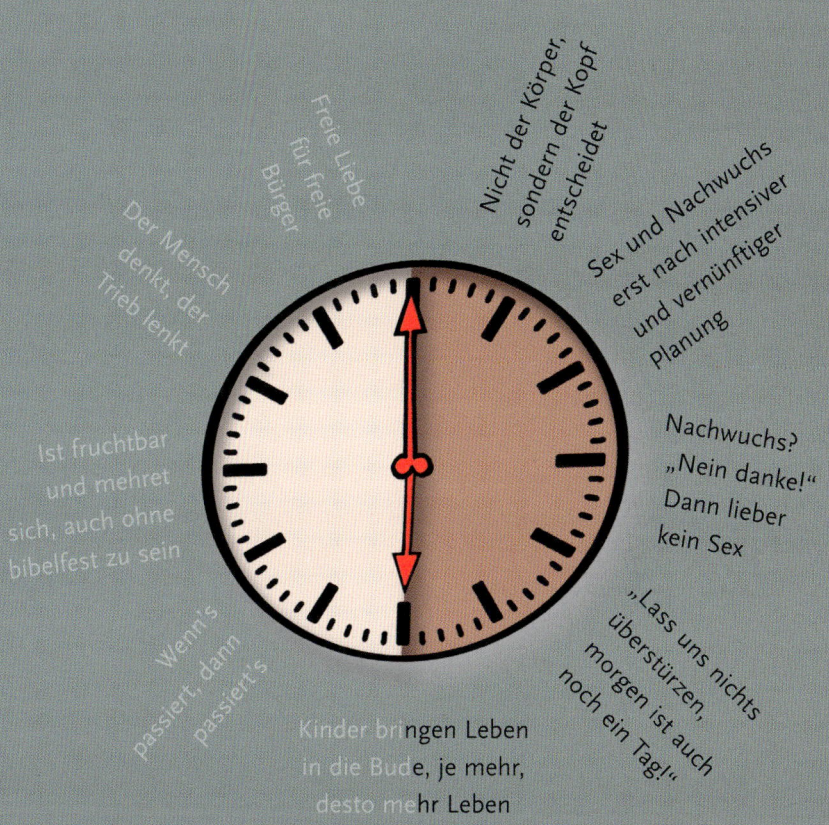

Freie Liebe für freie Bürger

Nicht der Körper, sondern der Kopf entscheidet

Sex und Nachwuchs erst nach intensiver und vernünftiger Planung

Der Mensch denkt, der Trieb lenkt

Ist fruchtbar und mehret sich, auch ohne bibelfest zu sein

Nachwuchs? „Nein danke!" Dann lieber kein Sex

Wenn's passiert, dann passiert's

„Lass uns nichts überstürzen, morgen ist auch noch ein Tag!"

Kinder bringen Leben in die Bude, je mehr, desto mehr Leben

Die Vermehrungsuhr hat ganz bewusst keine Zahlen, sondern sie gibt an, was dem Steinbock bei der Fortpflanzung wichtig ist und wie er darüber denkt.

Konfliktkompass für den Steinbock

„Ein Steinbock weint nicht, denn ein Indianer kennt keinen Schmerz. Nur Weicheier und Warmduscher zeigen Gefühle. Was einen nicht umbringt, macht härter. Augen zu und durch!" – Mit solchen Durchhalteparolen wird der kleine Steinbock schon von Kindesbeinen an auf Kurs gebracht. Kein Wunder also, wenn er um sich einen Panzer aufbaut und manchmal auch so durch das gesamte Leben geht: Nichts an sich heranlassen, Konflikte am besten mit sich selbst ausmachen oder ihnen stur aus dem Weg gehen. Wenn das nicht geht: Stärke demonstrieren, klare und unmissverständliche Kommandos erteilen und bei gefährlich erscheinendem Widerstand den Panzer anlegen, Augen zu und durch! Oder dem Konflikt durch Flucht aus dem Weg gehen. Das geschieht im Außen durch Rückzug. Oder im Innen durch Schweigen ohne Worte und Gefühlsregung.

Für den Partner oder die Außenwelt fühlt sich dieser Zustand an wie kalter Krieg: Das ist kein wütender Kampf, aber auch kein Frieden. Und auf Dauer ist das so zermürbend ...

Ist unberechenbar wie eine tickende und zickende Zeitbombe

Zieht bei Konflikten den Schwanz ein

Kämpft verbissen für seine Ziele

Versteckt sich lieber und kämpft im emotionalen Untergrund

Weiß, was er will und erst recht, was er nicht will

Frisst Frust und Aggressionen lieber in sich hinein, bis er aussieht wie das Michelin-Männchen

Ist offen, direkt und berechenbar

Ist ängstlich und geht Konflikten lieber aus dem Weg

Kämpft wie ein Löwe für seine Ziele

Diskutiert lieber ständig rum, statt zu handeln oder etwas zu ändern

Die rote Spitze der Kompassnadel zeigt an, wie der Steinbock Konflikte angeht oder ihnen aus dem Weg geht. Die Angabe ist eine Grundtendenz – natürlich kann sie sich auch leicht hin- und herbewegen, je nachdem, welcher Weg eingeschlagen wird.

21

Seitensprungkalkulator
für den Steinbock

Wenn man nackten Steinbock-Geborenen ebenfalls splitternackte und höchst attraktive Partner auf den Bauch bände, was würde passieren? Absolut nichts. Auch männliche Steinböcke würden hart bleiben, ohne hart zu werden ... So jedenfalls lautet die bisher noch unbelegte These der Stargazer University (USA).

Die einen nennen diese Standhaftigkeit Disziplin, die anderen nennen sie Dummheit.

Wie auch immer: Für den Partner ist es doch letztendlich egal, ob der Partner aus Treue oder Phlegmatismus kein olympiareifer Seitenspringer ist, oder?

Wer eine Beziehung im Sinne von *„bis dass der Tod euch scheidet"* sucht, liegt bei Steinböcken goldrichtig. Wer dagegen an ein (Liebes-)Leben vor dem Tod glaubt, der sollte sich auch an anderen Sternzeichen orientieren.

Damit kannst du „rechnen":

- Seitensprung? Nein, niemals. Ich weiß gar nicht, wie das geht.
- Nur, wenn das Halsband in der Partnerschaft auf Dauer zu eng wird.
- „Vidi – veni – verdufti" – „ich sah, kam und war ruckizucki wieder weg".
- Das Betthupferl-Syndrom: Beglückt werden alle, die bei „drei" nicht auf den Bäumen sind.

Die Anzahl der Kugeln entspricht wie beim Lotto einer möglichen Trefferquote: *Wenig Kugeln, gut für deine Beziehung. Viele Kugeln: Die Lotterie ist eröffnet!*

Kuschelbarometer
für Steinböcke

Frage an Radio Eriwan: „Kann man mit einer Schildkröte kuscheln?"
Antwort: „Im Prinzip ja, man muss nur den Panzer irgendwie weg-
zaubern!"

Selbiges gilt natürlich auch für Steinbock-Geborene: Denn unter der
nüchternen und sachlichen Oberfläche stößt man irgendwann auch
auf Weiches, Sanftes und Empfindsames. Landläufig darf man auch
Emotion und Gefühl dazu sagen.

Irgendwie erinnert dies an winterliches Angeln auf zugefrorenen
Gewässern: Mit dem geeigneten Werkzeug schafft der Profi einen
Übergang durch das Harte zum Weichen. Und nun liegt es nur noch
am Geschick des Anglers, mit welchem raffinierten und wohlschme-
ckenden Köder wahre Appetithappen an die Oberfläche geholt werden. Übrigens kann es auch eine Anglerin sein!

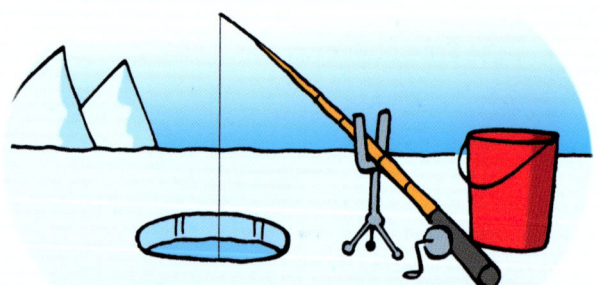

VERÄNDERLICH

Körperkontakt ausschließlich zum Austausch von Körperflüssigkeiten

FEUCHT BIS NASS

Schweigt lieber über seine wahren Gefühle und Liebe, anstatt diese selbst zu praktizieren, live und in Farbe

HARMONISCH BIS KUSCHELIG

Du hast gewonnen: Dein Partner mutiert allmählich zum Kuschler des Monats und hat tierisch Spaß dabei

STÜRMISCH BIS VEHEMENT

Kuscheln „Nein danke! Wenn ich ein Lebewesen streicheln will, gehe ich in den Kuschelzoo"

AUSDAUERND BIS GENÜGSAM

Streicheln und Kuscheln bis zum Abwinken oder bis der Arzt kommt

Das Kuschelbarometer zeigt die überwiegende Kuschelstimmung des Steinbocks an. Schwankungen gibt es wie bei jedem Barometer ...

Libidobeschleuniger
für

Steinbock-Weibchen

jüngere Männer

gesunde Brüder

sexuelle Nüchternheit

Uniformen

hohes Bankkonto

breiter Rücken

stumme Ablehnung

Gürtelrose

Dominante Erziehung

Hornbrillen

Handschellen

Steinbock-Männchen

ältere Frauen

Krankenschwestern

nüchterner Sex

Masken

hohe Lederstiefel

dicker Hintern

ablehnende Stumme

Rosengürtel

erziehende Dominas

Büstenhalter

Maulkörbe

Brunftrituale & Paarungs-verhalten
Was sich liebt, das deckt sich

Steinböcke und Steinziegen können Wettbewerbssituationen einfach nicht ertragen. So vergeht ihnen auch schnell die Lust, wenn sie erst noch balzen oder gar Liebeslieder trällern müssen: Entweder es kommt zur Paarung oder nicht.
Für sie gilt: Auch in der Liebe muss man klare Entscheidungen treffen. Dann bleibt auch mehr Zeit für das Wesentliche. Wenn sie bloß immer wüssten, was das Wesentliche ist und wie das geht ...

Örtlichkeit

Steinbock-Geborene experimentieren in der Auswahl ihrer Kuschelzone nicht so gerne. Sie sagen sich: „So richtig nett ist's eigentlich nur im Bett!" Und so verwundert es niemanden, dass sie es am liebsten zu Hause machen, im stillen Kämmerlein.

An Festtagen auch gerne unter der Bettdecke, denn im Dunkeln ist gut munkeln.

Vorspiel

Hier ist respektvolle und pflegliche Behandlung angesagt. Das fühlt sich nur so lange steif an, bis die Steifheit ausreicht, um das Vorspiel zu beenden und den nächsten Arbeitsgang einzulegen. Dann wird auch für Steinbock-Geborene meist die Arbeit zum Vergnügen.

Liebesreigen

Steinbock-Sex ist solides Handwerk, das ja bekanntlich goldenen (Becken-)Boden hat. In diesem Dienstleistungsbereich gehört das Warten, bis einer kommt, einfach dazu. Was punktet, nennt sich Ausdauer, Konsequenz und langer Atem.

Höhepunkt

Das ist wie Bergsteigen: Die einzelnen Schritte absichern, nie die Kontrolle verlieren, nicht nach unten schauen, höchstens ins fruchtbare Tal, und irgendwann ist der Gipfel erreicht.

Was hört man von einem Steinbock im Augenblick des Höhepunktes?

In der nüchternen Reihenhaussiedlung: *„Stöhn nicht so laut, was sollen bloß die Nachbarn denken!"*
Im Steinbock-Haushalt: *„Verausgabe dich nicht, du musst noch abspülen!"*
Überall und allerorts: *„Das war mal wieder ein hartes Stück Arbeit!"*

Gleiches und Gleiches gesellt sich gerne
Erdige Paarungen

Stier, **Jungfrau** und **Steinbock** sind sogenannte (passiv-weibliche) Erdzeichen. *Stier–Stier*, *Stier–Steinbock* und *Stier–Steinbock* sind somit Paarungen, in denen **Erde auf Erde** trifft. Beobachten wir dieses Phänomen in freier Wildbahn, so können wir feststellen:

- *Erde ist ein guter Nährboden für Wachstum nach oben, Bodenständigkeit und für Verwurzelung nach unten.*

- *„Viel Erde gab's und wenig Brot" (frei nach L. Uhland): Von fruchtbarem Mutterboden allein ist noch keiner satt geworden.*

- *Wer den Boden unter seinen Füßen verliert, kann noch lange nicht fliegen.*

- *Die Erdanziehung sorgt seit Urzeiten für einen soliden Boden an Tatsachen.*

Steinbock & Stier

Idealerweise treffen in dieser Paarung *Herz und Körper* (Stier) auf *Verstand* (Steinbock), *Sinnlichkeit und Genuss* (Stier) auf *Moral und Tugend* (Steinbock). Das ist doch eigentlich die Verbindung, die Eltern ihren Sprösslingen für deren Ehe empfehlen, auch wenn sie dies selbst niemals geschafft haben. Jedenfalls ist es eine sichere Wahl in unsicheren Zeiten, die bei gegenseitigem Respekt kultiviertes Wachstum und geordnete Verhältnisse ermöglicht.

Chancen und Risiken: Übertriebene Prüderie des Steinbocks kann durch die sinnliche Körperlichkeit des Stieres geheilt werden, ganz ohne Arzt, Apotheker oder Selbsthilfegruppe. Auch das ist eine solide Basis für eine fruchtbare Verwurzelung dieser Paarung, die manchen Sturm überstehen kann, ohne umzufallen.

Chancen

| 1 | 2 | 3 | 4 | 5 | 6 | 7 | 8 | 9 | 10 |

Risiken

| 1 | 2 | 3 | 4 | 5 | 6 | 7 | 8 | 9 | 10 |

Steinbock & Jungfrau

Das Glas des Lebens ist entweder halb voll oder halb leer, je nach Betrachtungsweise. Da die Jungfrau und erst recht der Steinbock eher konservativ sind, bestimmt häufig Pessimismus statt überschäumender Lebensfreude den Tagesablauf. Gemeinsam erlebte Romantik und liebevoller Umgang können den Alltag aufhellen und ihr Licht auf eine gute und langwierige Beziehung erstrahlen lassen.

Chancen und Risiken: Wenn beide ihren Hang zu Trägheit, Starr- und Sturheit überwinden, bietet diese Paarung sichere Strukturen für eine ernsthafte Beziehung. Tipp: Niemals das Lachen vergessen oder sich zumindest einmal täglich gegenseitig kitzeln.

Chancen

| 1 | 2 | 3 | 4 | 5 | 6 | 7 | 8 | 9 | 10 |

Risiken

| 1 | 2 | 3 | 4 | 5 | 6 | 7 | 8 | 9 | 10 |

Steinbock & Steinbock

Diese Paarung ist trocken, nüchtern und sachlich, Gefühle werden nur an Festtagen zugelassen. Geweint wird nur beim Zwiebelschneiden, lautes Lachen könnte als beginnende Geisteskrankheit ausgelegt werden. Und doch oder gerade deshalb können zwei Steinböcke ewig zusammenbleiben, bis dass der Tod sie scheidet.

Chancen und Risiken: In beruflichen und sozialen Belangen und Pflichten ist dieses Gespann Spitze und kann es bis ganz nach oben schaffen. Wer Gefühle für überbewertet oder gar überflüssig hält, findet hier ein solides Fundament für gemeinsame Rentenplanung schon im Studium.

Chancen

1	2	3	4	5	6	7	8	9	10

Risiken

1	2	3	4	5	6	7	8	9	10

Gleiches und Gleiches gesellt sich gerne
Wässrige Paarungen

Die Sternzeichen **Krebs, Skorpion** und **Fische** sind wie der Steinbock selbst weiblich-passiv. Sie verkörpern das Element Wasser, welches seinerseits symbolisch für *Gefühl, Intuition* oder auch unser *Seelenleben* steht. Ein Blick in die Natur zeigt auch hier erste Hinweise im Verständnis der **Erde-Wasser-Paarungen:**

- Regen (= Wasser) ermöglicht erst Wachstum aus Mutter Erde, sonst herrschen Hungersnot und Dürre.

- „Steter Tropfen höhlt den Stein" – irgendwann einmal bohrt sich das kleinste Rinnsal seinen eigenen Weg.

- Zu viel Erde im Wasser verstopft den natürlichen Fluss.

- Die Erde braucht das Wasser, aber das Wasser nicht zwingend die Erde.

Steinbock & Krebs

Der nüchterne Steinbock muss sich ins Zeug legen, um die erforderliche Liebesenergie für den Krebs aufzubringen. Sonst bleibt es eine Paarung auf Sparflamme, die aber auch in Krisenzeiten noch genug Kraft für eine wärmende Beziehungssuppe mit Klößen spendet. Hier trifft der objektiv-sachliche Steinbock auf den emotional-subjektiven Krebs, jede sexuelle Vermischung klingt nach einem interessanten Cocktail.

Chancen und Risiken: „Steter Tropfen (des Krebses) höhlt den Stein (des Steinbocks)", das weiß jedes Kind.

Chancen

1	2	3	4	5	6	7	8	9	10

Risiken

1	2	3	4	5	6	7	8	9	10

Steinbock & Skorpion

Der Skorpion hat nichts gegen Sex ohne Emotionen einzuwenden, und dem Steinbock ist das gerade recht. Dies ist eine Paarung ohne Nebenwirkungen: Der Skorpion schlängelt sich so lange ins Liebesleben des Steinbocks, bis sich beide zufriedenstellend oder -liegend befriedigen.

Chancen und Risiken: Der erdige Steinbock gibt dem wässrigen Skorpion sachliche Bodenständigkeit, der Skorpion seinerseits sorgt in dieser Paarung für Initiative und Weiterentwicklung. Das kann gut klappen, im Privaten wie auch im Beruflichen.

Chancen

1	2	3	4	5	6	7	8	9	10

Risiken

1	2	3	4	5	6	7	8	9	10

Steinbock & Fische

Der sensible und glitschige Fisch findet in der Paarung mit dem erdigen Steinbock Halt, Vertrauen und ein stabiles Aquarium. Wenn der Steinbock dem Fisch nicht auf die Flosse tritt, lässt er diesen teilhaben an seiner Welt der Gefühle, der Kreativität und der bunten Ideen. So können sich beide gegenseitig befruchten, auch ohne schwanger zu werden.

Chancen und Risiken: Diese Paarung hat das Zeug für Friede, Freude und auch Eierkuchen. Große Bereiche des Lebens werden ge- und erlebt, wenn beide dies zulassen. Hier trifft das Weiche (Fisch) auf das Harte (Steinbock), und das kann sehr schön sein, wenn beide zum Genießen bereit sind.

Chancen

| 1 | 2 | 3 | 4 | 5 | 6 | 7 | 8 | 9 | 10 |

Risiken

| 1 | 2 | 3 | 4 | 5 | 6 | 7 | 8 | 9 | 10 |

Gegensätze ziehen sich an und aus
Feurige Paarungen

Waren *Erde–Erde-* und *Erde–Wasser*-Paarungen allesamt passiv-weibliche Verbindungen, so bilden *Erde–Feuer* eine *weiblich* (Erde)-*männliche* (Feuer) Beziehung. Gemeint sind hierbei zunächst die Elemente, nicht die Menschen, denn ein *Steinbock* kann Männlein oder Weiblein sein, zumindest als Sternzeichen. Ein Blick in die freie Wildbahn zeigt, wie gut oder schlecht sich die Elemente **Erde und Feuer** miteinander vertragen:

- *Zügellos ungebremstes Feuer hinterlässt verbrannte Erde.*

- *Glitschige Erde lässt Feuer ausrutschen und ausgehen.*

- *Jedes Feuer ist irgendwann erloschen, aber Erde bleibt Erde.*

- *Ohne Erde und Feuer gäbe es weder Brot noch Liebe am offenen Kamin.*

Steinbock & Widder

Begegnen sich vierbeinige Widder und Steinböcke irgendwo im Gebirge, gehen sie sich als Einzelgänger eher aus dem Weg. Ähnliches gilt normalerweise für die Zweibeinigen. Stoßen diese beim alpinen Skifahren aufeinander, dann benötigt ein Steinbock beim Après-Ski mindestens vier Jägertee, um ähnlich freizügig zu sein wie jeder Widder nüchtern. Da droht Amor eine chronische Sehnenscheidenentzündung, muss er doch pausenlos Pfeile abschießen, wenn diese Paarung von der Skifreizeit in den Alltag zurückkehrt.

Chancen und Risiken: Das unerlöste Lebensmotto des Steinbocks lautet: „Es ist alles erlaubt, solange es keinen Spaß macht". Oder auch: „Erst die Arbeit, dann das Vergnügen". Nur wenn beide offen aufeinander zugehen, kann der Widder an Disziplin oder Bodenhaftung gewinnen und der Steinbock Salsa tanzen.

Chancen

   1   2   3   4   5   6   7   8   9   10

Risiken

   1   2   3   4   5   6   7   8   9   10

Steinbock & Löwe

Die nüchterne Lebenseinstellung des Steinbocks kann wie eine Wolke vor der Löwe-Sonne wirken: Das Licht wirkt irgendwie gedämpft oder fast ausgelöscht. In dieser Paarung stoßen Licht und Schatten aufeinander. Eigentlich gehören diese ja zusammen wie Ebbe und Flut, Tag und Nacht, Schwarz und Weiß. Aber nur eigentlich ...

Chancen und Risiken: Erst wenn der Löwe bewusst will, dass der Steinbock ihm Zügel anlegt, kann es klappen. Sonst fühlt er sich gegängelt und zieht weiter. Diese Paarung ist gut für das Erlernen des gegenseitigen Respektes und schlecht für den reinen Spaßfaktor.

Chancen

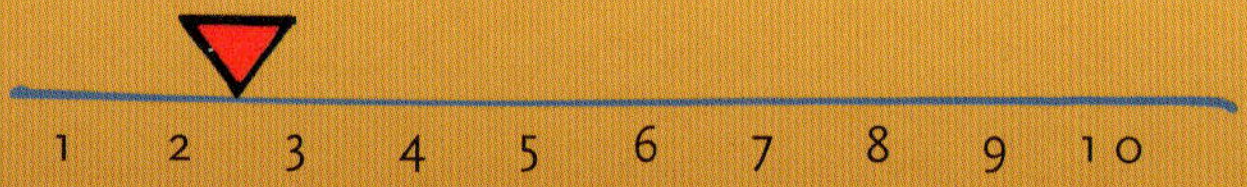

| 1 | 2 | 3 | 4 | 5 | 6 | 7 | 8 | 9 | 10 |

Risiken

| 1 | 2 | 3 | 4 | 5 | 6 | 7 | 8 | 9 | 10 |

Steinbock & Schütze

Diese Paarung fühlt sich an wie Gas geben (Schütze) und Bremsen (Steinbock) gleichzeitig. Jedes Kind weiß, dass irgendwann die Bremsen futsch sind oder die Kupplung. Hier trifft Optimismus (Schütze) auf Pessimismus (Steinbock). Meist löst sich diese Beziehung auf, bevor sie richtig angefangen hat. Oder beide haben Spaß am Herumschrauben an ihren verschlissenen Teilen.

Chancen und Risiken: Plus- und Minuspol ziehen sich eigentlich wie Magneten an. Im Laufe der Zeit verlieren dabei beide ihre Anziehungskraft und werden saft- und kraftlos. Diese Gefahr besteht auch in dieser Paarung: Keiner gewinnt, und beide haben verloren.

Chancen

| 1 | 2 | 3 | 4 | 5 | 6 | 7 | 8 | 9 | 10 |

Risiken

| 1 | 2 | 3 | 4 | 5 | 6 | 7 | 8 | 9 | 10 |

Gegensätze ziehen sich an und aus
Luftige Paarungen

Die Erde sorgt für Verwurzelung und Bodenständigkeit, die Luft steht unter anderem für unsere Möglichkeit, nach oben zu wachsen, dem Himmel entgegen. So wie es auch die Pflanzen und vor allem Bäume tun, die es in den freien Raum hinauszieht, den es zu entdecken gilt. Gesundes Wachstum ist nach unten verwurzelt und bewegt sich nach oben mutig und frei in die Luft hinein, eigentlich eine nützliche Symbiose aus den Elementen **Erde und Luft.** Ein Blick in die Natur kann uns weitere Hinweise liefern.

- *Verwurzelung in Mutter Erde und Wachstum in Vater Himmel können Yin und Yang zusammenbringen.*

- *Zu viel Verwurzelung macht unbeweglich, zu wenig gefährdet einen festen Standpunkt und die Bodenhaftung.*

- *Ohne Luft würden wir ersticken, und das Wachstum wäre augenblicklich zu Ende.*

- *Erdanziehung und Luft begleiten uns vom ersten bis zum letzten Atemzug, sie sind Elixiere unseres Lebens.*

Steinbock & Zwillinge

Steinböcke achten peinlich genau auf ihre Finanzen, ihre Karriere und die Arbeit. Somit sind Zwillinge dem Steinbock zunächst eher ein Dorn im Auge, denn sie sind leichtlebig und leichtsinnig. Aber es gilt auch: Gegensätze ziehen sich an und aus. Eine dauerhafte Beziehung zwischen Zwilling und Steinbock wäre ein weiteres Zeichen dafür, dass die Liebe alles überwinden kann.

Chancen und Risiken: Goldsucher investieren viel Zeit, Geduld und Liebesmühe in die Suche nach einem Schatz. Nur so kann man diese Liaison auch umschreiben.

Hier trifft das Schnelle auf das Langsame, das Sture auf das Lockere und das Abweisende auf das Fordernde. Eine Beziehung, die diese Spannungsfelder auf Dauer vereinbaren kann, hat in der Tat einen Schatz gefunden.

Chancen

1	2	3	4	5	6	7	8	9	10

Risiken

1	2	3	4	5	6	7	8	9	10

Steinbock & Waage

Diese Paarung kommt in freier Wildbahn eher selten vor. Ausnahmen bestätigen sich in der Regel: Eine anmutige Waage klingelt, ein seriöser und stinkreicher Steinbock öffnet. Da könnte so lange was laufen, bis der normale Alltag in Form von nüchterner Sachlichkeit (Steinbock) und Harmoniebedürfnis und Glamour (Waage) ebenfalls klingelt.

Chancen und Risiken: Für den Steinbock ist die Waage Herausforderung und Chance zugleich zu mehr Lebensqualität und Emotion. Außerdem hat er nach der Beziehung wieder eine sachliche Aufgabe, nämlich dann, wenn die Waage ihn finanziell ausgebeutet und ruiniert hat.

Chancen

1 2 3 4 5 6 7 8 9 10

Risiken

1 2 3 4 5 6 7 8 9 10

Steinbock & Wassermann

Das wird spannend: Der Wassermann möchte lieber auf geistig-luftiger, der Steinbock auf der geistig-körperlichen Ebene verkehren oder besser überhaupt nicht.

Das führt eher in die gegenseitige Hemmung statt Entfaltung der eigenen Persönlichkeit. Wer gerne Jägerschnitzel mit Pommes (Steinbock) an exotischen und ausgefallenen Plätzen (Wassermann) isst, dem schmeckt diese Beziehung. Die anderen bekommen Magenschmerzen oder Durchfall.

Chancen und Risiken: Man kann das eigene Profil auch dadurch schärfen, indem man klar herausfindet, was man im Leben nicht braucht oder nicht will. Für diese Erfahrung ist diese Paarung hervorragend geeignet.

Chancen

1	2	3	4	5	6	7	8	9	10

Risiken

1	2	3	4	5	6	7	8	9	10

Nachspiel

Du meinst, dieses Liebesorakel ist vom Autor frei erfunden? Du findest die Beschreibung des Steinbocks weit übertrieben?

Einspruch, Euer Ehren! Fragen wir den Steinbock selbst, wird er alles abstreiten. Fragen wir jedoch seine(n) Partner(in), so werden wir hören: „Ja, ganz genau, so ist mein Steinbock!"

Diese Diskrepanz zwischen Eigen- und Fremdwahrnehmung erleben wir tagtäglich. Direkt darauf angesprochen, geht kaum einer in das amerikanische Spezialitätenrestaurant mit dem großen gelben „M", keiner hört am liebsten Volksmusik, und nur ganz wenige lesen die Tageszeitung mit den großen Buchstaben.

Dabei ist es doch so: „In der Blöße liegt die Größe!", im gemeinsamen Lachen miteinander und nicht im Bewerten, Verurteilen oder Abkanzeln hinter vorgehaltener Hand.

„Sind wir nicht alle ein bisschen Steinbock?", der eine mehr, der andere weniger. Manche versuchen dies ein Leben lang zu unterdrücken oder zu verheimlichen. Doch wozu? Dieses Liebesorakel möchte dir Mut und Lebensfreude schenken, frei nach dem Motto:

„Lieber entspannt im Hier und Jetzt als verkrampft im Wenn und Aber!"